Weitere Veröffentlichungen:

Veröffentlichung eines Gedichtes in der „Frankfurter Bibliothek", 2010

JUST BE, 2011 im Deutschen Lyrik Verlag

JUST DO, 2011 im Deutschen Lyrik Verlag

Veröffentlichung eines Gedichtes in der „Frankfurter Bibliothek" 2012

Veröffentlichung eines Gedichtes in der „Frankfurter Bibliothek" 2015

Tina Wolff

Lyrik

Herstellung und Verlag:
BoD - Books on Demand, Norderstedt
ISBN 978-3-8482-3283-3

schauen & lauschen

es schweben die Eichhörnchen an uns vorbei,

die Vögle gleiten auf Ihrem Gesang dahin,

die Blumen schwirren auf Ihren leuchtenden Farben
duftend umher

wir schauen

wir lauschen

wir lassen geschehen

und vergehen

Der Verstand

Er

versteht es nicht

Es

ist aber auch nicht für ihn gedacht

Da Er

selbst

sich nur erdacht

& das

ließ er

Irgendwann

mal

Außeracht

Es ist so spannend

Zu schwebe zu leben

keine Sprache mehr

die Natur die nährt

die Stille die schwingt

& innerlich so heilig singt

welch Lachen im Lauschen

welch Rausch in der Freude

welch Hingabe

welch grenzenloses Licht

Sind es Ängste die uns leiten?

Angst vor etwas, was wir vermeidlich nicht
kontrollieren können

Angst

ein Gefühl

ein Zustand

der Besitz eingenommen hat,

dem wir einen Raum geben

Einen Raum den wir nicht eingenommen

Eine Wahrnehmung die wir nicht aktiviert haben

Ein Teil für den wir keine Verantwortung
übernommen haben

Ein Augenblick, in dem wir nicht da sind,

gespeist aus Vergangenheit und Zukunft

Angst vorm Kontrollverlust

Kein Tower in Sicht

Wissen alles verändert sich stetig

Festhalten zwecklos

Was auch festhalten??

Licht

Es schwingt

Es klingt

In Dir

Um Dich

Immer und ewig

Du bist es

Es ist

Es trägt Dich zurück

Nach Hause

Viel wird geschrieben

Viel wird erzählt

Viel wird gefragt

& so wenig gewagt

Leuchtend

Strahlend

Die Blüten

Ihre Farben

So in sich geschlossen

& offen für alle die wollen

Sonnen begleitend

duftend

nährend

Vermehren

In alle ihre unendlichen

Schönheit

Wenn alles aufgeräumt,

alles sauber,

alles ausgeräuchert,

alle Schichten gelöst

kann der Glanz,

das Licht

wieder alles fluten…

Lausche

meinem Herzen

Will es begleiten

Auf Reisen

& trete zurück

& lasse es mich leiten

Ein suchen

Ein wissen wollen

Ein finden wollen

Ein Haben wollen

Damit es endlich aufhört

Das suchen wollen

Endlich Ruhe ankommen

Endlich Zuhause

Sorry, aber du bist die ganz Zeit Zuhause

Das Stressprogramm kannst Dir sparen!

Stell den Focus richtig ein

& es ist rein

Langsam

Schwingt es

Langsam

Verschwinden die eingebildeten

Grenzen um mich

Langsam

Löse ich mich wieder auf

& finde mich in allem wieder & gehe

Nein schwinge mit

Alles zurück lassen

Alles

Alles das was nicht ist

& doch so schein las wäre es wahr

Weil wir es halten fest

Weil es uns sagt wer wir sind

Weil es uns Struktur gibt

Weil es uns vertraut ist

Weil es unsere Identifikation ist

Mut

& ……………..

Neugierde

Die Freude

Es auszuprobieren

Sich da bei zu erleben

Zu erfahren

Ohne es zu bewerten

Einfach machen

& herzlich lachen!!!!!!!!!!!

Dieses zutiefst Berührt sein

Es zulassen

das es dich schwingt

Tränen die laufen

Mundwinkel die zittern

Vibrationen des Körpers

Schwingendes

fließendes

Licht

Abschied

Vom Mutter sein

Vom Frau Sein

Vom Tochter Sein

Vom Freundinn sein

Von all den Rollen

Abschied von all diesen Möglichkeiten sich zu
Identifizieren

Kein Förmchen mehr zu Hand

& dann

NIX

Erst Mal nur

Atmen

Einfach atmen

Ich BIN

Bin ich

Bereit

In Heilung

Zu gehen

Koste es

Was es

Wolle

&

Sei es

Der Tod

Dem Rauschen der Bäume hingeben

Den Lichtspielen

Den Düften

So erdig

Warm

Frisch

Satt so lebendig

Einfach lecker

& dann

Ist es durch

Kein Gedanke , der mehr Fäden zieht

Freude in allen Zellen

Sie hüpfen

Tanzen Sambatango

Alles

Schwingt

&

Singt

Hat die Natur es nicht

großartig eingerichtet

Das alles

sich in allem spiegelt

das innen

Da draußen

& uns werden die

vielen Spiegel gereicht

Um zu Heilen….

Welch liebevolle Schöpfung

Es waren nicht meine

Eltern

Die nicht da waren

Die nicht verstanden

Nicht die Männer

Die mich nicht Geborgenheit

Und Liebe spüren ließen

Es war „Ich"

Die nicht da war

Es ist alles so schwer

Und schwierig

WIRKLICH?

Wer sagt es ist

Schwierig

Wer sagt es ist

nicht möglich?

Wer spricht da eigentlich?

Alles ist Möglich

Wenn wir es zu lassen

Die Begrenzung

Setzen

Wir selbst

Durch unseren Glauben

Aber glauben ist nicht Wissen

Es wird Zeit den Glauben

In Frage zu stellen

Frühstück an der Themse

Der Goldfleck im Haar

Das Wissen um nix

Der Wald der schweigt

Geheimisse eines Sterns

Auskunft eines Zigarettenautomaten

Dinner im Zimmer

Zwei für Drei

Leichtsinn der Schwenkschwalben

Just be

Neid

Missgunst

Abgrenzung

Wir zusammen

Gegen

X y Z

Egal

Hauptsache

Wir

gegen

Die anderen

Zum KOTZEN

All die Trancen

All die Betäubung

All die Ablenkung

All die Beschallung

All die Informationen

Alles eine Flut aus

Mangel

Mangel

Um abgelegtes Wissen

Wollen wir von anderen

Gesehen werden

Wollen von anderen

Geliebt werden

Wollen von anderen

die Bestätigung

Die Anderen sollen

uns erlauben zu sein

wir machen uns abhängt

was die anderen

sagen und denken über uns

und geben - uns dafür hin

und erschaffen uns tag

täglich den Mangel im sein

innen wie

außen

Aufräumen

Ausmisten

In wie außen

Ist so befreiend

So Klärend

So wahr

Die Trancen lösen

Sich frei schwimmen

Es berührt sich der Geist

Und alles

Erscheint im ganz anderen

Licht

Hey

Ich verkaufte - Das Wissen

Das Wissen, Das weis

Wer SIE sind

Wollen

Sie es zurück

Ihr Wissen

Wer SIE sind?

Wollen SIE es wirklich

WISSEN

Verkaufen kann ich es nicht

Ihnen zurück

Denn es ist Ihr WISSEN

Und immer da

Nur ob SIE es wirklich

Wissen

Wollen

Müssen SIE selbst WISSEN

Wo ist

Der Focus

Was formt

der Glaube

Welche Macht

haben die Lügen

Wir stellen

den Focus ein

Unser Glaube

Schaft Realität

Unsere Lügen

Betrügen uns selbst

Um die Erfahrung

Einfach zu sein

Warum

Wollen

Wir mehr sein

Als wir sind?

Warum produziert

Eine Gesellschaft

mehr als sein braucht

Und das Mehr wird so schädlich

Fürs Überleben

Wo ist

Die Stille

Wo ist die Einkehr

Wo ist die Verbindung

Zu allem

Warum verkaufen wir uns so aus

Es

Ist so irritierend

Wenn

Es still

Wird

Weil es

Immer

So laut

Ist

Und uns nicht mehr

Irritiert

Das der Mensch

Einen Gott schuf

und das

außerhalb seiner Selbst

War die größte

Lügen

und Abhängigkeit

damit schuf

der den

Mangel

In sich

Im Leben

Der ihn bis heute

Schmerzt

Und zu Kriegen führt

Leben

Und

Sterben

Welch Illusion

So ein Schmarrn

Nicht so eng bitte

Nicht so klein denken bitte

Nicht selbst so beschränken bitte

Da ist so viel

Wenn ich mein Gegenüber

Aus der Schuld

und

Anklage entlass

Bin ich bei mir

Auf mich geworfen zurück

dann wird es

ruhig

fast das es bedrängt -

aber so wahr

Sonne & Regen

Welch Segen

Die Sonne strahlt

Der Regen springt

Nur eine Wolke

voll Wasser

das Glitzern

der Tropfen

ein Traum

all Leben möglich

im einzigen

Tropfen

Wer spricht

noch wahr

Wer spricht

noch authentisch

Wer nimmt

Sich zurück

lässt Stille

geschehen

Zu lieben

Was wir sein wollen

Es fiel schwer

Und Liebe hat es dann

nimmer mehr

Zu lieben

was wir sind

Ist voller Kraft

Wie Apfelsaft

Nur

Trauen müssen wir uns

Ganz allein

Was uns beseelt

Zur Geltung bringn

Vielleicht ist das

Sterben leichter

Der Tod

Ein Gedicht

Im

Wissen

der Wandlung

der Unendlichkeit

des sein

Und

Gelebt zu haben

Was es galt zu sein

Es ist doch unglaublich

Was mein menschliches Bewusstsein

Alles aufführt

Um mich zu

schrecken

Mir Angst zu machen

Mich abhängig zu fühlen

Mich schlecht zu fühlen

Mich zu hassen

Die anderen zu hassen

Fruchtbar

Und wie es mit allen Mittel versucht

Mich daran zu hintern

Einfach zu sein

Ja wieder hören

Die sanfte Stimme

die spricht

Jedes Wesen hat sie

Jedes Wesen kann sie hören

Sie verlässt uns nicht

Mal spricht sie in Form von

äußeren Begebenheiten

mal durch den Körper

Wir nennen es Intuition

und meinen das tiefe Wissen

mit dem All und alles verbunden

Stille

dann

Eine Welle

Ein Unwetter

Ein Toben

Ein Untergang

Aber ich weiß

Um die Stille

In all dem

Es ebbt ab

Es beruhig sich

Es war eine Erfahrung

Verantwortung

Für alles was ich höre

Für alles was ich sage

Für alles was ich fühle

Für alles was ich sehe

Für alles was ich rieche

Für alles handel

Für alles was ist

Verantwortung heißt

frei sein

Es wissen wollen

Alles

Wir grenzen aus

Wir ziehen Kreise, Zäune

Bis hier hin und nicht weiter

Das will ich

Das will ich nicht

Das will ich spüren

Das will ich nicht spüren

Und unsere Wollen würd zu unserem Gefängnis

Leben ist ohne Begrenzung

Unendlich

Abgrenzen, vergleichen

Tötet uns

Innerlich

Mut

Ein neuer Raum

Hinein

laufen

ohne Erfahrung

(wenn es überhaupt laufen ist)

wie der Untergrund beschaffen ist

ohne Erfahrung

wie die Sprache sich dort spricht

Ob es Sprache gibt

Welche speisen es gibt

Was dort nährt

Sie schauen sich an

Oder auch nicht

hassen sich und die anderen

Und merken es nicht

Es ist normal

Normal seinen Körper abzulehnen

Normal seine innere Stimme nicht zu hören

Normal sich klein zu machen

Normal sich fertig zu machen

Es ist Norm Mensch zu sein

Mensch sein

eine von unendlichen

Möglichkeiten

des seins

es wird Zeit

andere

aus zu probieren

Nix kontrollierbar

Aber - Wir versuchen es

auf allen Ebenen

Es ist unmöglich

Wir wissen es ja

Aber das auszuhalten

Die Erkenntnis

das wir nix unter Kontrolle haben

ist kaum aushaltbar

es zu zulassen

die Erkenntnis

sickern zu lassen

durch alles

verändert

Die Wahrnehmung

Die Schlüssigkeit

In Sich

Es stellt alles in Frage

Sich berühren

lassen

den Körper

die Seele

sich ansprechen lassen

sich schwingen lassen

Ohne zu ringen

Ist wie fliegen

und liegen

auf Wolken

da hin

Hingabe pur

Göttlich

Dieser Wolkenberg

So voll Sahne weich und saftig warm

Es federt alles

Schließt dich ein

Finde dich rein

Verantwortung

Wer stellt sich hin

in seinem Leben

wenn es nicht fällt

wie gewünscht

Und Spricht zu sich

Oh wunderbar

Was hab ich mir da installiert

Was gibt es zu lösen

Was gibt es zu tun

Was habe ich mir da eingeladen

Wer stellt sich hin

und zeigt auf sich

verantwortlich

dafür

Klick machen

Frei machen

von Erwartungen

im Kopf

von den der anderen

Einfach durch lassen

was sich zeigt

was sich schreibt

will

es nicht zwingen

nicht siegen

Einfach

Wach sein

Wenn es

Spricht

Es braucht ein

Neues Wort

oder eine Neue Form

Nein

das schränkt es schon ein

Vielleicht

Ist es nur Klang

Eine Welle

Eine Schwingung

die alles durchdringt

Wie Regen

wenn s singt

Das Menschsein

Ist eine

von unendlichen Möglichkeiten

Leider keine

sehr liebevolle

ehrliche

Angelegenheit

Aber es war ein Versuch

Und das Potenzial

Ist gigantisch

Sich selbst

als

Wesen

welches ist

zu erleben

Ist wohl das heilsamste

Für Erden

Welch Überraschung

Was erlebbar wird

wenn sein durch fließt

Allmächtigkeit spricht

Ein Klang

Eine Welle,

Eine Ahnung

Eine Weite

Fülle

eintauchen in die Unendlichkeit

es ist

Abschied vom Mensch sein

Erleuchtung

Und dann..

Das Wissen

ALLES Illusion

Alle Gedanken Programm

Alle Gefühle Programm

Was für ein Spiel

Und dann wird es spannend

Dann bist du allein

Kein Förmchen zur Hand

Nix Secound Hand

Alles NEU

deine Reise

Wer bist Du

Was will durch Dich

Was bringst Du mit

auf Erden...

Freiheit

Innere Freiheit

handel ohne Programm

Ohne Vergangenheit

Ohne Zukunft

Ohne ein Wollen

Aus Fülle heraus

Bedeutet das Menschsein auf zu geben

einzutauchen in die Allmächtigkeit

die Unendlichkeit

des Seins

Ein Schritt in etwas Neues

das Alte

noch da

aber es hat seine Leuchtkraft verloren

das Neue

nicht fass oder greifbar

es ist mit dem Alten nicht zu vergleichen

mit alten Gedanken zu belegen

ersticht es im Keim

Es braucht den Mut

Für den Schritt

In den neuen Raum

Der noch nicht gelebt

Der noch nicht erfahren ist

Leben

Ohne Ausschluss

Alles was da ist

Ohne Begrenzung

Ohne Auswahl

Surfen

Springen

Und singen

Alles eine Welle

Und selbst eine Welle

Die Welle die wellt

Und Wellen erzeugt

Kann es sein

In all dieser Unendlichkeit

Den Sinn zu spüren

Ja leben wollen wir

Aber wie

Nur bestimmtes

Leben

Nur bestimmtes

Erleben

Wir filtern

Es gibt Plan im Kopf

Den wir nicht ändern

Wie versuchen an zupassen,

aus zu gleichen

Alles im außen

Aber

Warum den Plan nicht aufgeben

Und einfach schauen wer da ist?

Weitere Infos unter:

www.kunst-wolff.de